INHALT

attack.1

KANN ICH EINE WEILE BEI DIR WOHNEN?

WAS?

ICH BIN SCHLIESS-LICH DEIN VERLOB-TER.

KOMM SCHON!

ÄH, DAS KOMMT ETWAS PLÖTZLICH ...

ÄH?

ICH STEH AUF EINMAL OHNE WOHNUNG DA.

SONST KANN ICH NIRGENDS HIN...

WIE SOLL DAS GEHEN, BEI ZWEI MÄNNERN?!

DAMIT HAST DU VORHIN SCHON ANGEFANGEN. DAS WAR DOCH NUR EIN WITZ AUS UNSERER KINDERZEIT.

ICH BIN SCHWUL.

DANKE.

DANN...

?

... GUTE NACHT.

JA, GUTE NACHT.

KLICK

LETZTEN ENDES...

SCHMECKT'S?

DEN REST MUSSTE ICH KAUFEN.

DACHTE ICH MIR. DU HATTEST NUR SOJASOSSE IM HAUS.

DOCH, DAS IST TOLL. ICH KÖNNTE DAS NICHT.

DAS IST DOCH KEINE KUNST.

...

ECHT?

JA.

BEI MIR GIBT'S SONST IMMER NUR INSTANTNUDELN ODER IRGENDWELCHES FERTIGZEUG.

IST SUPERLECKER. SO GUT HAT MIR SCHON LANGE NICHTS MEHR GESCHMECKT.

IST PRAKTISCH UND AUCH GANZ LECKER...

... ABER WENN MAN DAS JEDEN TAG ISST, SCHMECKT IRGENDWANN ALLES GLEICH.

BEI IHM WAR DAS FRÜHER AUCH SO...

JA, STIMMT.

WENN DU IMMER NUR SOLCHES ZEUG ISST, WIRST DU NIE GROSS UND STARK...

... KAI.

ACH, GENAU.

ICH HAB KEINE MAMA... UND PAPA IST NIE ZU HAUSE.

MACHT DIR NIEMAND WAS?

ICH HAB NIX ANDERES.

ECHT?

WIESO?

IST DOCH NORMAL.

DU ARMER.

DA KANNST DU EINEM JA LEIDTUN.

DU BIST PLÖTZLICH WEGGEZOGEN, ALS WIR KLEIN WAREN.

WIE IST ES DIR SO ERGANGEN?

SEITDEM?

NACH DER SCHULE FAND ICH EINE STELLE IN EINEM LOKAL, WO ICH AUCH ESSEN UND UNTERKUNFT BEKAM.

JA, MEIN VATER WURDE VERSETZT.

ABER GESTERN BRACH DER BESITZER ZUSAMMEN UND KAM INS KRANKENHAUS.

ALS ICH IN DER MITTEL-SCHULE WAR...

WAS?!

... VERLOR ER SEINEN JOB UND MACHTE SICH AUS DEM STAUB.

MANN, DU HAST ECHT KEIN GLÜCK...

IN SEINER ABWESENHEIT KANN ICH SCHLECHT IM HAUS BLEIBEN.

DESHALB BIN ICH HIER.

KEINE AHNUNG.

ICH HAB IHN IN DIE KLINIK GEBRACHT. DANN KAM SEIN SOHN UND HAT DIE SACHE ÜBERNOMMEN.

WIE GEHT ES DEINEM CHEF JETZT?

WANN WIRD ER ENTLASSEN?

... ER HAT SO FÜNF BIS SECHS JAHRE DORT GELEBT.

SICHER IST SEIN CHEF EINE ART ERSATZVATER FÜR IHN GEWORDEN.

VER-STEHE.

DA WAR ER GESTERN...

... BESTIMMT ZIEMLICH VERZWEIFELT ...

NACH DER MITTELSCHULE, DAS HEISST...

„DANKE."

KOCH...

ZAPPEL

ばた

LASS DAS!

HMPF

WAS MACHST ...?

NICHT SO LAUT. ES IST MITTEN IN DER NACHT.

ZAPPEL

ばた

WEHR DICH NICHT SO.

UAAH!

す
る

SLIPP

ICH SAG DOCH, SO WIRD ...

RUBB グ =

OH.

グ =
RUBB

DU WIRST SCHON HART.

ぎゅっ

GRAPP

PATT

...!!

WENN DU MORGEN ARBEITEN MUSST, SOLLTEST DU WENIGSTENS EIN BISSCHEN SCHLAF BEKOMMEN.

DAS IST NUR SCHLAFTHERAPIE.

DU HAST GESAGT, DU FÄLLST NICHT ÜBER MICH HER!

... HIRO?

WER HAT DIR ERLAUBT, GLEICH EINZU-SCHLAFEN...

TSCHIRP
チュン

チュン
TSCHIRP

パッチリ
BLINZEL

TSCHIRP

TSCHIRP

むく
WUPP

WANN HAB ICH ZULETZT...

... SO LANGE GESCHLAFEN?

SONST KOMMT ES MIR JEDEN MORGEN VOR, ALS HÄTTE ICH KEIN AUGE ZUGETAN.

GERN GESCHEHEN.

ABER HEUTE...

ÄHM...

VERSTEHE.

DU TRÄUMST WOHL NOCH!

SCHON GUT. DIE BOTSCHAFT IST ANGEKOMMEN.

ICH HAB ÜBERHAUPT NICHTS GESAGT!

PATT PATT

WAX

attack.2

DER LAUF DER ZEIT IST GRAUSAM...

HAAA...

AM ANFANG HAST DU EIN GESICHT GEMACHT, ALS WÄR DIR SPEIÜBEL.

SIEH AN.

ÄH, JA.

BEVOR DU KAMST, HAB ICH NUR EINMAL AM TAG GEGESSEN.

INZWISCHEN HAT SICH MEIN MAGEN DRAN GEWÖHNT.

DU BIST TATSÄCHLICH ZUM FRÜHSTÜCKER GEWORDEN.

EXTRA FÜR MICH?!

EIN BENTO?!

IST DOCH KEIN DING.

DANN IST MITTAGESSEN AUCH OKAY?

ICH HAB DIR EIN BENTO GEMACHT.

KAI KAM ZU MIR, WEIL ER OBDACHLOS GEWORDEN WAR.

ICH SOLLTE MICH UM IHN KÜMMERN.

IN DER SOMMERHITZE VERDIRBT ES LEICHT.

ENTSORG DEN REST, FALLS DU ES NICHT AUFISST.

JA, OKAY.

ALSO DANN.

ICH GEH ZUR ARBEIT.

ZWEI MONATE IST ES JETZT HER.

ICH FRAG MICH, WER SICH HIER UM WEN KÜMMERT...

GUT.

BIS SPÄTER.

SAG MAL...

... WATARI.

... EINE NEUE FREUNDIN?

HAST DU...

SELBST BEI 'NEM KUMPEL.

WOW, BEEINDRUCKEND.

SCHAFFT DICH DAS NICHT?

ALSO MIR WÜRDE DAS TOTAL AUF DEN KEKS GEHEN, WENN ICH MEINE WOHNUNG AUF EINMAL MIT JEMANDEM TEILEN MÜSSTE.

SO BETRACHTET ...

AUCH WENN ICH ANFANGS GENERVT WAR...

ICH GLAUB, ICH FÜHL MICH WENIGER GESTRESST, SEIT ER DA IST.

ER MACHT MIR GENUG PROBLEME. ZUM BEISPIEL MIT SEINER TENDENZ, MIR STÄNDIG AUF DIE PELLE ZU RÜCKEN. GANZ ZU SCHWEIGEN VON DEM SEXUELLEN ÜBERGRIFF.

NEIN.

... IRGENDWIE IST ES GAR NICHT SO ÜBEL, MIT IHM ZUSAMMENZUWOHNEN.

GANZ ENTSPANNT.

43

GUTEN APPETIT.

HIER, HIROKUNI.

OH, YAKISOBA*!

* Bratnudeln.

IST DAS LECKER! ICH HATTE SCHON EWIG KEINE YAKISOBA MEHR...

MMMH...!

FREUT MICH, WENN ES DIR SCHMECKT.

ICH HAB VORHIN SCHON GEGESSEN.

MIT SPIEGEL-EI!

DANKE!

DU HATTEST JA KEINE FREUNDE...

ACH, STIMMT...

?!

DAS GIBT'S NICHT!

GEHEN WIR ZUSAMMEN HIN?

ZU EINEM FEST?

ALSO GUT...

DIESES JAHR MUSS ICH ES UNBEDINGT SCHAFFEN, RECHTZEITIG FEIERABEND ZU MACHEN.

ICH WOLLTE IMMER MAL HIN, BIN ABER VOR LAUTER ARBEIT NOCH NIE DAZU GEKOMMEN.

ES GIBT HIER IN DER NÄHE EINEN SCHREIN.

DA FEIERN SIE JEDES JAHR AM 7. JULI TANABATA*.

* Traditionelles Fest, basierend auf einer alten Legend

KAI MIT EINEM KANDIERTEN APFEL STELLE ICH MIR LUSTIG VOR...

... WAR ICH ALS SCHÜLER BEI EINEM FEST.

DAS LETZTE MAL...

WATARI.

ICH WILL IHN UNBEDINGT ALLE MÖGLICHEN LECKEREIEN PROBIEREN LASSEN.

HÄTTE ER DAMALS WAS GESAGT, WÄR ICH MIT IHM HINGEGANGEN.

KAI NOCH NIE.

DANN MACHEN SIE EINEN PLAN FÜR DIE TEILE, DIE ÜBERARBEITET WERDEN MÜSSEN.

DEN BRAUCHEN WIR MORGEN.

ÄH...

JA.

SIE SIND BALD FERTIG, ODER?

ICH MUSS NACH DER BESPRECHUNG NOCH ZU EINEM UMTRUNK.

SIE HABEN AM WENIGSTEN ZU TUN.

ABER CHEF...

... HEUTE WOLLTE...

IST NICHT SO...

... WICHTIG.

ABER DANKE.

DU FREUST DICH DOCH...

... SELBST AM MEISTEN DRAUF.

GENAU.

KEIN PROBLEM.

DAS GEHT NICHT.

ER HAT SCHON GENUG ARBEIT, ICH KANN IHM NICHT NOCH MEHR AUFHALSEN.

TAPP

...

JA.

HMP

HAB ICH VORHIN GEKAUFT.

IST DAS...?

ICH DACHTE MIR, DU SCHAFFST ES NICHT MEHR.

JA.

ZUM GLÜCK HAB ICH DIE LETZTE PORTION YAKISOBA ERWISCHT.

WEISST DU...

DU BIST ALLEIN HINGEGANGEN?

ES WIRKTE ÜBERRASCHEND TRAURIG.

IRGENDWIE HATTE ICH MIR SO EIN FEST LUSTIGER VORGESTELLT.

ENTSCHUL-
DIGE!

VIELLEICHT
WEIL ES KURZ
VOR SCHLUSS
WAR?

E...

ACH,
SCHON
OKAY.

DABEI
WAR ES
MEINE
IDEE.

ICH
HAB
DICH
VER-
SETZT.

ABER
DU SAGTEST,
DU WÜRDEST
DICH DRAUF
FREUEN.

MACHT
NICHTS, DAS
WAR NUR SO
DAHINGESAGT.

WOFÜR?

BESTIMMT IST ER AUCH ANDEREN MENSCHEN GEGENÜBER SO.

LASS MICH DAS WIEDERGUT-MACHEN.

ES TUT MIR LEID.

ICH SAG DOCH, IST SCHON OKAY.

NA GUT...

BITTE.

SONST FÜHL ICH MICH SCHLECHT.

LASS MICH IN DEIN BETT.

WIE BITTE?

IST DOCH EINE GUTE IDEE.

WILLST DU MIT MIR AUF EIN DATE?

EIN ANDERES FEST BESUCHEN, SHOPPEN GEHEN ODER WAS IN DER ART...

UNTER WIEDER-GUTMACHEN HATTE ICH MIR WAS ANDERES VORGE-STELLT...

SO MUSST DU DIR KEINEN ABBRECHEN, UM FRÜHER FEIERABEND ZU MACHEN...

NEIN...

?!

 グ!!

ヤ

WUPP

HMM...

STIMMT NATÜRLICH...

...

WIE?

WAS?!

DU BIST SO KLEIN.

HIRO.

WAS?!

NEIN, DU BIST SO VERDAMMT GROSS GEWORDEN!

DAS HÄTTEST DU NUR GERN...

... HIRO.

WEIL ES DICH NERVT, DICH MIT MIR AUSEINANDER- ZUSETZEN.

DAS IST KEIN WITZ.

ABER WENN DU SO HALBHERZIG VERSUCHST, NETT ZU MIR ZU SEIN...

EIGENTLICH HATTE ICH MIR VORGENOMMEN, DARAUF RÜCKSICHT ZU NEHMEN.

NA JA, DU BIST EBEN HETERO.

... MIR WAS RAUS- ZUNEHMEN.

... BEKOMM ICH LUST...

HE
HE

LASS DICH VOM WECKER WECKEN.

GUCK DOCH NICHT SO ERSCHRECKT!

ハニ
PATSCH

HÖR ZU...

ナニ
デ
ナニ
デ
PATT
PATT
PATT

SCHON GUT. ICH WOLLTE DIR KEINE ANGST MACHEN.

ICH MUSS MORGEN FRÜH RAUS.

MUSST DU MIR NICHT SAGEN.

AUF DIE ART BIETET ER MIR EINEN AUSWEG.

GUTE NACHT.

... MICH WEITER SO VON IHM UMSORGEN ZU LASSEN.

ABER DADURCH WÜNSCHE ICH MIR...

DAS MACHT ES NICHT GERADE EINFACHER

チリン
TILING

チリン
TILING

WUPP
むく

IM MOMENT WEISS ICH NOCH NICHT MAL, WIE ICH ÜBERHAUPT MIT DIR UMGEHEN SOLL.

ICH HAB WIRKLICH GEHOFFT, DAS WÄRE NUR EIN SCHERZ.

ABER...

ICH KANN MIR NICHT VORSTELLEN, DICH PLÖTZLICH ALS JEMANDEN ZU SEHEN, DEN ICH LIEBE.

... WÄRST DU BEREIT...

ICH MÖCHTE...

... IN RUHE DARÜBER NACHDENKEN.

DANN BEKOMMST DU EINE ANTWORT.

ICH WEISS, DAS IST VIEL VERLANGT...

... MIR ZEIT ZU GEBEN?

ACH, SPIELT KEINE ROLLE.

ICH KRIEG DICH...

... SO ODER SO NOCH RUM, HIRO.

WAS SOLL DAS HEISSEN? ICH GEB MIR HIER ECHT MÜHE...

GRÜBEL NICHT ZU VIEL.

WAS?!

SO
WAS!

FRAU
KOBA-
YASHI.

LANGE
NICHT
GESE-
HEN.

KENJI
MUSSTE
INS KRAN-
KENHAUS,
HAB ICH
GEHÖRT.

WURDE
ER SCHON
WIEDER
ENTLAS-
SEN?

HALLO,
KAI.

BIST DU
WIEDER
DA?

お*食事

OJE...

DAS KLINGT ABER NICHT GUT. ER WAR DOCH IMMER SO MUNTER UND ROBUST.

ES IST IRGENDWIE GANZ EINSAM HIER, WENN DAS LOKAL ZU IST.

Geschlossen

NOCH NICHT.

ICH BIN HIER, UM MEINE SACHEN ZU HOLEN.

KOMMST DU KLAR? ISST DU AUCH ORDENTLICH?

JA.

WO BIST DU JETZT UNTERGE-KOMMEN, KAI?

BEI EINEM BEKANNTEN.

... DICH EINFACH VOR DIE TÜR ZU SETZEN.

ES IST SCHON EIN BISSCHEN GEMEIN VOM ALTEN KENJI...

TROTZDEM ...

DA BIN ICH ABER FROH.

TROTZDEM ...

VERSTAN-DEN.

SECHS JAHRE LANG...

... HAT ER SICH NICHT BLICKEN LASSEN.

... IST ER SEIN SOHN.

UND ICH BIN...

EINE FRAGE BESCHÄFTIGT MICH SCHON DIE GANZE ZEIT...

WIR HABEN UNS ZEHN JAHRE NICHT GESEHEN.

HAST DU DICH...

... SCHON DAMALS IN MICH VERLIEBT?

SAG BLOSS...

BILD DIR MAL NIX DRAUF EIN.

WIE BITTE?!

お
ZÖGER ず...

HAST DU MICH ETWA...

... DIE GANZE ZEIT GELIEBT?

ABER ICH HAB MICH NIE IN JEMAND ANDERS SO VERLIEBT.

ALSO IRGEND- WIE JA.

WEISST DU, WIE VIEL ÜBERWINDUNG ES MICH KOSTET, DAS ZU FRAGEN?!

ES IST NICHT SO, ALS WÄR'S MIR DAUERND BEWUSST GEWESEN.

ボス
FLOMP

SEHR PFLICHT-BEWUSST.

JA, TUE ICH.

HAB ICH DOCH GESAGT.

AUF DIE ART MACHST DU DIR SELBST DAS LEBEN SCHWER.

DENKST DU AUCH RICHTIG DARÜBER NACH?

POFF POFF POFF

AUTSCH!

SCHNAUZE, DU MISTKERL!

IN WAHRHEIT ...

WARUM...

... HAST DU DICH DANN NICHT FRÜHER GEMELDET?

... WOLLTE ICH DICH NIE WIEDERSEHEN.

DA KANN MAN JA SCHISS KRIEGEN, WENN DU ERST AUFTAUCHST, NACHDEM DU SO EIN RIESENKERL GEWORDEN BIST.

84

ALS DER ALTE IN DIE KLINIK KAM...

... STAND ICH OHNE ALLES DA.

IRGENDWIE WOLLTE ICH...

... PLÖTZLICH DEIN GESICHT SEHEN.

TJA, GUTE FRAGE...

STARR

DIESES GESICHT...?

HAB ICH DAMALS IRGENDWAS GETAN...

HALLO.

ACH, HALLO.

... WESHALB ER SICH IN MICH HÄTTE VERLIEBEN KÖNNEN?

WAR ICH ETWA COOL, OHNE ES SELBST ZU WISSEN?

COOL...?

WARUM STEHT KAI AUSGERECHNET AUF MICH?

* HAT ZU WENIG GESCHLAFEN

GRÜBEL

LÄSST SICH DIE ANTWORT SO ÜBERHAUPT FINDEN?

ICH WEISS NICHT...

DOCH JE MEHR ICH NACHDENKE, DESTO WENIGER VERSTEH ICH'S.

ICH HAB IHN GEBETEN, MIR ZEIT ZU GEBEN.

GRÜBE

WIE LANGE WILLST DU NOCH DEIN GESICHT ANSTARREN?

DANKE FÜR DEINE HARTE ARBEIT.

WATARI ... HAST DU EINEN MOMENT?

ぽん

PATT

DU SIEHST NOCH BLASSER AUS ALS SONST.

KAUM ZU FASSEN, DASS DU DAS ALLEIN GESCHAFFT HAST.

DU BIST EINFACH UNGLAUB- LICH, KANEKO.

ACH, FINDEST DU...?

ICH HAB DIR ZIEMLICH HEFTIGE AUFGABEN ZUGESCHOBEN.

IST DAS MEINE SCHULD?

DEINE EIGENE ARBEITSLAST WAR DIESMAL ECHT GIGANTISCH.

NEIN, NEIN.

90

DU HAST DICH SUPER UM DAS TEAM GEKÜMMERT.

OHNE DICH LÄUFT IN UNSERER ABTEILUNG GAR NICHTS.

HEY, JETZT MACH ABER MAL HALBLANG!

NEIN, IM ERNST.

ICH MUSS DIR WAS SAGEN.

WATARI...

ICH WERDE ZUM ENDE DES MONATS...

... AUS DER FIRMA AUSSCHEIDEN.

DIE MACHEN MICH DOCH NIE IM LEBEN ZUM PROJEKTLEITER!

DAS MANAGEMENT WILL DEN POSTEN SICHER INTERN BESETZEN.

DAS WÜRDE DEINE ARBEITSLAST NOCH UNERTRÄGLICHER MACHEN.

ABER WENN DU AUCH KÜNDIGST, WÄREN SIE GEZWUNGEN...

KLAR, VOM ALTER KÄME ES HIN...

MOMENT, BITTE.

NEIN, DU BIST HERVORRAGEND.

... ABER ES GIBT GENUG JÜNGERE, DIE VIEL BESSER SIND ALS ICH.

DESHALB HABEN SIE DICH IM AUGE.

WARST DU SCHON IMMER.

DAMIT DU NICHT WOANDERS HINGEHST...

... HABEN SIE DICH VON ANFANG AN KLEINGEHALTEN, DIR DAS GEFÜHL GEGEBEN, UNFÄHIG ZU SEIN.

GUTE LEUTE HALTEN SICH BEI UNS NICHT LANGE.

DU SOLLTEST GLAUBEN, DU WÜRDEST NIRGENDWO ANDERS EINEN JOB FINDEN.

SIE HABEN DICH SYSTEMA- TISCH...

... MANI- PULIERT.

NEIN, DAS GIBT'S NICHT...

TRAUST DU EHER MIR ODER DENEN DA OBEN?

WAS?

95

ICH KANN NOCH EIN BISSCHEN.

WIE SIEHT ES BEI DEN ANDEREN AUS?

OH, SCHON SO SPÄT?

ICH AUCH.

SORRY, ICH MUSS LANGSAM LOS, DAMIT ICH DIE LETZTE BAHN ERWISCHE.

Gekühlte Tomaten 40

Gesalzener Kohl 350

Einool

Einool

400

KAN-EKO!

WATARI IST VÖLLIG HINÜBER.

ECHT?

SCHÜTTEL

ゆ

WATARI...

SCHÜTTEL

ゆ

HEY, WATARI!

WAHR-SCHEINLICH IST ER NUR ERSCHÖPFT.

HEY, WATARI!

GEH NACH HAUSE.

KANNST DU DEINE ADRESSE SAGEN?

HN ...?

WER HAT IHN SO AB-GEFÜLLT?

UNGEWÖHN-LICH.

ER HAT GAR NICHT SO VIEL GETRUNKEN.

NEE.

SONST NOCH JEMAND?

WATARI! DU NIMMST DIE CHUO-LINIE, ODER?

ICH WOHNE GENAU IN DER ANDE-REN...

SO WIRD DAS NICHTS... MUSS JEMAND IN DIE GLEICHE RICHTUNG WIE ER?

DA FÄLLT MIR EIN: ER SAGTE, ER WOHNT MIT EINEM FREUND ZUSAMMEN.

AH!

OJE. MIST...

KAI...

KAI?

AH! GEFUNDEN.

Kai
ato
Kazuma
M
Mama
P
Papa

HN...?

KANNST DU MIR SAGEN, WIE DEIN KUMPEL HEISST?

WATARI, ICH SCHNAPP MIR MAL KURZ DEIN HANDY.

DER NAME DEINES MITBEWOHNERS!

Wo sind Sie gerade?

IN SHIBU-YA.

Ah.

Aha.

WIR SIND GERADE ALLE ZUSAMMEN WAS TRINKEN, ABER WATARI IST ZIEMLICH HINÜBER.

ICH RUFE IHM EIN TAXI. KÖNNTEN SIE MIR BITTE DIE ADRESSE GEBEN?

KLICK

Hallo?

DUUUT

ENTSCHULDIGEN SIE DEN SPÄTEN ANRUF. HIER SPRICHT KANEKO. ICH BIN EIN KOLLEGE VON WATARI.

Wer ist da?

JA, HALLO!

BIEP
ブー
ツー

DANKE.

BIS DANN.

Ich schicke Ihnen die Adresse.

Echt? Das ist ja super.

GUT.

ICH BIN IN DER NÄHE. ICH HOL IHN AB.

HEY, WATARI.

DEIN KUMPEL HOLT DICH GLEICH AB.

HÄTTE NICHT GEDACHT ...

... DASS WATARI MIT EINEM FREUND ZUSAMMEN- WOHNT.

AUSSER-
DEM
GUCKT ER
IMMER SO
DÜSTER.

ES IST
SCHWER,
AN IHN
RANZU-
KOMMEN.

NA, ER
HAT NOCH
NIE WAS VON
IRGENDWELCHEN
KUMPELS
ERZÄHLT.

WAS
SOLL DAS
HEISSEN?

WENN
MAN IHN
ANSPRICHT
...

... SAGT
ER NUR
„JA" ODER
„STIMMT".

JA,
GENAU.

ER HAT
SO EINE ART
SCHUTZMAU-
ER UM SICH.

STIMMT,
ICH KANN
MIR WATARI
GAR NICHT MIT
FREUNDEN
VORSTELLEN.

GRAPP

JETZT
HÖRT MAL
ZU.

FRÜHER
WAR WATARI
NICHT SO...

ES IST
SCHWIERIG,
IHN ZUM
ESSEN ODER
SO EINZULA-
DEN.

GENAU. ER
HAT SO WAS
UNNAHBARES.

ICH BIN HIER...

... UM HIROKUNI ABZUHOLEN.

ICH MUSS MICH...

NEIN, SCHON GUT.

TUT MIR LEID, SIE EXTRA ZU BEMÜHEN.

SIE SIND KAI?

AH...!

... FÜR MEINEN HIROKUNI ENTSCHULDIGEN.

...

HAST DU KEINE FREUNDE?

ICH SEH DICH HIER IMMER NUR ALLEIN.

...

ACH, DA KANN MAN NICHTS MACHEN.

ALSO NEIN.

WIE WÄR'S?

UNTERHALT DICH DOCH EINFACH MIT MIR.

ICH HAB IN MEINER NEUEN KLASSE AUCH NOCH KEINE FREUNDE GEFUNDEN.

ES WÄR ECHT NETT, WENN DU MIR...

... GESELLSCHAFT LEISTEN WÜRDEST.

VON DA AN BIST DU...

... JEDEN TAG AUFGETAUCHT.

... ABER ICH HAB MICH SEHR GEFREUT.

...

ICH FAND'S ZWAR SELTSAM, DASS DU WOHL ECHT NICHTS BESSERES ZU TUN HATTEST...

attack.5

Ein perfekter Antrag

ODER ER WILL RÜCK-SICHTSVOLL SEIN...

VIELLEICHT DENKT ER, ICH HÄTTE ES VERGESSEN.

IHN SCHEINT DAS NICHT ZU STÖREN.

WÄÄÄH!

... HAB ICH MICH VOR KAI ABSOLUT UNMÖGLICH BENOMMEN. EINFACH NUR PEINLICH.

UWAAAH! ICH ERINNER MICH AN ALLES...!

TROTZDEM...

ICH BIN JEDENFALLS DANKBAR DAFÜR.

SOLL ICH...

... ABEND-ESSEN MACHEN?

... KANN ICH MICH NICHT EWIG AUF SEINE FÜRSORGLICHKEIT VERLASSEN. ICH MUSS MIR DIE SACHE MIT IHM ENDLICH ERNSTHAFT ÜBERLEGEN.

WENN ICH'S ÜBERHAUPT HEIM SCHAFFE.

IM MOMENT DÜRFTE ES JEDEN TAG SO SPÄT WERDEN.

NEIN, PLAN LIEBER OHNE MICH.

AH!

KLEINER NAIVLING.

ICH...
...
GEB AUF!

SO IST KAI EBEN.

PRÜFE ICH GLEICH.

OH?

OKAY.

WAS SIE GESTERN FERTIG GEMACHT HABEN, LÄUFT NICHT.

WAS IST LOS?

DESHALB KANN ICH IHN NICHT ERNST NEHMEN.

カ
タ
KLACK

カ
タ
KLACK

カ
タ
KLACK

HEY, WATARI.

OBENDREIN
...

TUT MIR LEID.

ES KAM, WIE KANEKO GESAGT HATTE.

REISSEN SIE SICH ZUSAMMEN.

SIE SIND DER PROJEKT- LEITER.

MAL SEHEN...

KLACK

AHA, DARUM LÄUFT ES NICHT. ZUSTÄNDIG WAR...

KLACK

ICH MÖCHTE GERN ÜBER KAI NACHDENKEN, ABER ICH BIN MIT DER ARBEIT SCHON VÖLLIG ÜBERFORDERT ...

NACH SEINEM WEGGANG...

... HAT MAN MICH ZUM PROJEKTLEITER GEMACHT.

DIESMAL LEITEN SIE DAS TEAM.

WAS, ICH?

DIE DATEI, DIE DU MIT MIR GETEILT HAST, FUNKTI- ONIERT NICHT RICHTIG.

SAKA- MOTO.

DANKE.

MELD DICH BITTE, FALLS IRGENDWAS UNKLAR IST.

OKAY...

TUT MIR LEID.

BRING ICH GLEICH IN ORD- NUNG.

PUUH...

IST DAS ZU VIEL FÜR EINEN NEULING?

ABER DIE ANDEREN HABEN AUCH ALLE HÄNDE VOLL ZU TUN.

ÜBERALL ZOMBIES...

ICH KANN MICH EINFACH NICHT DARAN GEWÖHNEN.

ARMER SAKAMOTO...

ER WIRKT ZIEMLICH FERTIG.

ER WAR GESTERN AUCH NICHT ZU HAUSE...

WARUM BIN ICH ÜBERHAUPT PROJEKTLEITER?

DIE TERMINVOR-GABEN SIND UNMÖGLICH. GENAU WIE KANEKO VOR-HERGESAGT HAT...

AAAH...

"NEIN, DU BIST HERVORRAGEND."

"REISSEN SIE SICH ZUSAMMEN."

"WARST DU SCHON IMMER."

20:45
Kai hat ein Foto geschickt

PLICK

MIST.

ICH BLICK NICHT MEHR DURCH...

Z

SoftPunk 4G

Kai

Okay.

Heute

Abendessen

endessen

Sieht gut aus.

HMM,
MIT DEN
ARBEITS-
STUNDEN
KOMMEN WIR
KAUM HIN...

SLRP
ズズー

KÖNNEN
WIR BEI DEN
ANFORDE-
RUNGEN WAS
EINSPAREN?

ビクッ

ZUCK

TSS!

AM
NÄCHSTEN
TAG...

WÄHREND WIR NICHT MAL ZUM SCHLAFEN KOMMEN.

WEIL DU IHN ÜBERLASTEST. FÄHRST DU IHN ÜBERHAUPT MAL RICHTIG RUNTER?

AB UND ZU.

SCHNALZ DOCH NICHT SO MIT DER ZUNGE! DA KRIEGT MAN 'NEN HERZINFARKT...

SORRY!

MEIN PC IST SO LAHM...

HA HA HA HA HA

22:03
Kai hat ein Foto geschickt.

PLICK

...

GALGEN-HUMOR MACHT MIR ANGST...

BEB

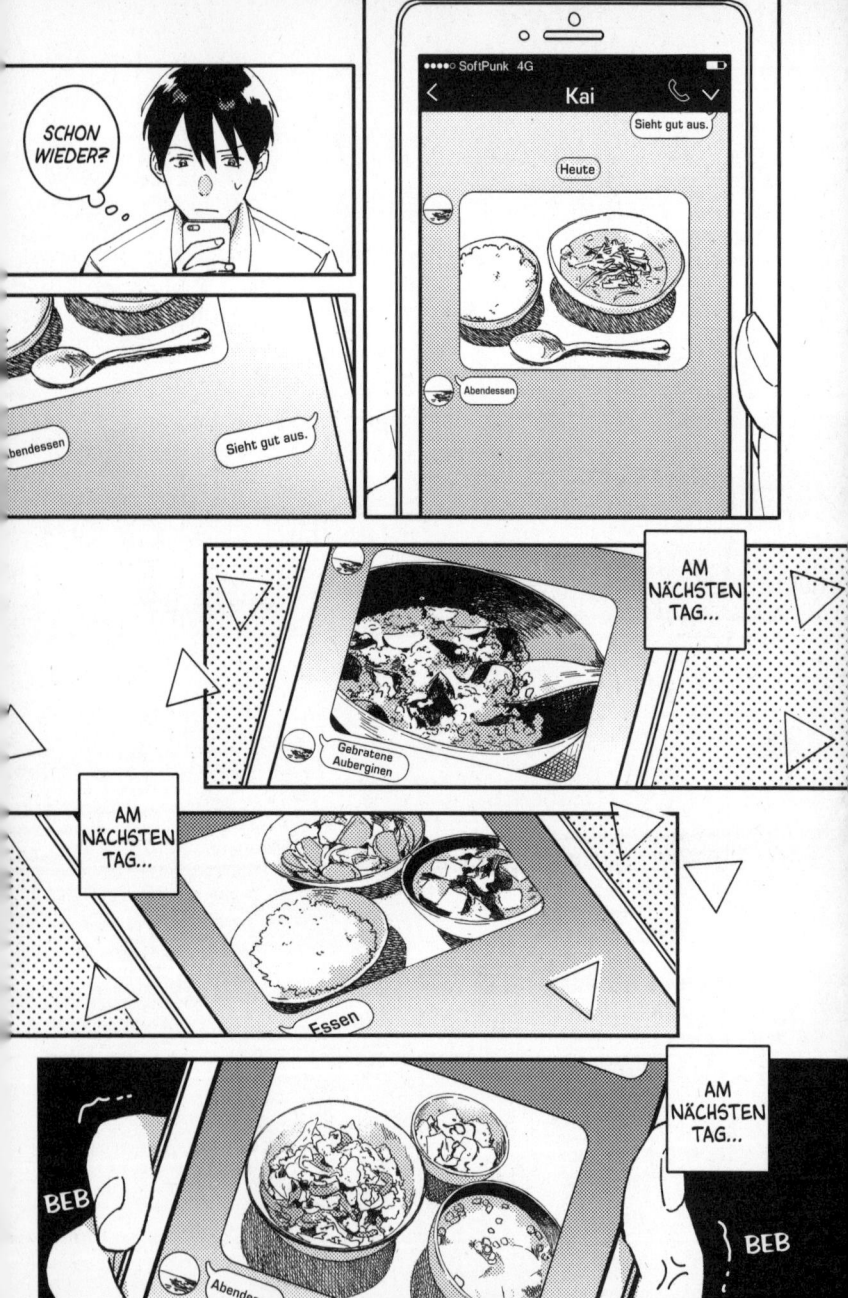

ZING

GARAN-
TIERT!

DER WILL
MICH IN DEN
WAHNSINN
TREIBEN!

ICH
WILL
HEIM!

ICH
HÄTT
JETZT
...

... SO
LUST AUF
DIESES
SCHWEINE-
FLEISCH.

...

DER
KERL MACHT
BEWUSST NUR
MEIN LIEB-
LINGSESSEN.

MIST...

IRGENDWANN WURDE DIESER ZUSTAND SELBSTVERSTÄNDLICH.

NACH HAUSE WOLLEN...

BIS VOR KURZEM HATTE ICH DIESES GEFÜHL GANZ VERGESSEN.

... LITT ICH SCHRECKLICH, WENN ICH NICHT NACH HAUSE KAM ODER KEINE PAUSE MACHEN KONNTE.

ALS ICH NEU IN DER FIRMA WAR...

PATSCH

BESTIMMT...

... TUN SICH DIE ANDEREN AUCH GERADE FURCHTBAR SCHWER...

WAS KANN ICH FÜR SIE TUN?

DENK NACH!

128

ICH HAB EUCH...

... EINE KLEINE AUFMUNTERUNG MITGEBRACHT.

HEY, LEUTE...

DANKE SCHÖN!

UFF...

KLAR! HAUT REIN!

WAS? DÜRFEN WIR WIRKLICH?

OH, EISCREME!

GEH HEIM UND RUH DICH AUS.

OKAY?

MACH FÜR HEUTE SCHLUSS. GEH NACH HAUSE.

DU BIST ERSCHÖPFT.

MA...

SCHON GUT. AB MIT DIR!

TUT MIR LEID...

ES IST ALLES IN ORDNUNG.

MACH DIR DARÜBER KEINE GEDANKEN.

ABER DIE ARBEIT ...

IST MIT SAKAMOTO ALLES IN ORDNUNG?

ER HAT LÄNGER DURCHGEHALTEN ALS GEDACHT...

ICH FÜRCHTE, DER KOMMT NICHT WIEDER.

パタ

PATAMM

OHNE AUSREICHEND SCHLAF PASSIEREN NUR FEHLER.

IHR SEID SICHER VÖLLIG ÜBERMÜDET.

HÖRT ZU...

GEHT HEUTE BITTE ALLE ZEITIG NACH HAUSE.

ICH HAB SAKAMOTO ZUM WEINEN GEBRACHT...

ICH FASS ES NICHT...

SO WIE KANEKO GESAGT HAT.

DER ZEITPLAN WAR VON VORNHEREIN NICHT ZU SCHAFFEN.

ABER...

... UNTER SEINER LEITUNG WÄR SO WAS NICHT PASSIERT.

DAS IST ALLES MEINE SCHULD.

NEIN...

DUUUT

DUUUT

Ja?

ZING

DAS PROBLEM LIEGT WOHL BEI MIR.

WAS SOLL ICH NUR TUN?

PLICK

WAS KANN ICH MACHEN?

23:32

Kai hat ein Foto geschickt

Kai: Abendessen

LASS DEN QUATSCH ENDLICH!

WAS SOLL DAS WERDEN?!

Sehnsucht nach Hause bekommen?

...KAIS STIMME IMMER SO?

LIEGT DAS AM TELEFON ODER HAB ICH SIE EINFACH SCHON SO LANGE NICHT MEHR GEHÖRT?

Sie hat sich Sorgen gemacht.

Komm heim!

Du isst sicher wieder nicht vernünftig.

Ausgewogene Nahrung Calorice

Energieriegel

KLANG...

ICH WÜRD JA GERN...

...NACH HAUSE GEHEN, ABER...

... DU WÜRDEST DAUERND SPÄT HEIMKOMMEN.

SIE MEINTE...

ALS ICH SIE TRAF.

Sie?

DESHALB HAT SIE MIR WOHL DEN SCHLÜSSEL GEGEBEN.

DAMIT ICH AUF DICH AUFPASSE.

DEINE MUTTER.

Also...

Wenn du zusammen-klappst...

... bekomm ich Ärger.

NEIN, DU KRIEGST KEINEN ÄRGER.

Also, übernimm dich nicht.

ABER WENN DU WIE DER ALTE ZUSAMMENBRICHST, HAB ICH EIN PROBLEM.

DU MUSST ES NICHT SAGEN, WENN DU NICHT WILLST.

So...

Ich leg jetzt auf.

VERSTANDEN.

ACH...

NICHTS, NUR...

WARTE...

AH!

?

BIEP

HILFE...

DANN...

... GUTE NACHT.

WIE GEHT ES DEINEM...

... ALTEN CHEF?

AH. VERSTEHE. GRÜSS IHN SCHÖN.

Ja.

Morgen besuche ich ihn in der Klinik.

PANIK

MUSS DIE ERSCHÖP-FUNG SEIN.

ICH GLAUB, ICH DREH DURCH...

PANIK

EINE ANDERE ERKLÄRUNG FÄLLT MIR NICHT EIN.

PANIK

WIESO WOLLTE ICH NICHT, DASS ER AUFLEGT?!

WAS MACH ICH DENN...?!

BONK

ERST MAL INS BAD.

DANN EIN NICKERCHEN.

SCHEISSE ...

MEINE AUGEN...

KAI?

WAS ...

... MACHST DU HIER UM DIESE ZEIT?

ICH WAR LAUFEN.

HEFTIG.

ALLER-DINGS.

BIST DU MIT DER ERSTEN BAHN HEIMGE-FAHREN?

JA.

NUR AB UND ZU.

LÄUFST DU REGEL-MÄSSIG?

... ERINNERT MICH...

... AN UNSERE KINDHEIT...

MIT DIR HIER ZU SITZEN......

... HÄTTE ICH...

... NIE GEDACHT, DASS ICH MAL SO WERDE...

DAMALS...

JA, STIMMT.

... IST BEFREIEND.

DIE VORSTELLUNG, WENN ICH KÜNDIGE...

... WIRD ALLES GUT...

DARAN HALTE ICH MICH...

... FEST.

DAS IST BESCHEUERT, ODER?

DIESEN HALT...

... MÖCHTE ICH NICHT VERLIEREN.

ICH KANN DAS SCHON VERSTEHEN.

ICH WEISS NICHT, WAS AUS MIR WERDEN WÜRDE, WENN ICH IHN NICHT MEHR HÄTTE.

DU BIST ECHT SÜSS...

WA...?

attack.6

WIRKLICH? DAS IST TOLL.

WANN DENN?

AM 15.

NÄCHSTE WOCHE SCHON?

ACH...

GEHST DU DANN...

... WIEDER ZU IHM ZURÜCK?

DER ALTE WIRD BALD ENTLASSEN.

NEIN, ER ZIEHT ZU SEINEM SOHN.

ER GIBT OFFENBAR AUCH DAS LOKAL AUF.

WAS SOLL ICH DENN MACHEN?

OH...

WAS MACHST DU...

... DENN JETZT?

ICH HAB VON MEINEN AUSHILFS-JOBS WAS GESPART.

IST MAN NICHT WÄHLERISCH, FINDET MAN AUCH EINE WOHNUNG.

AUCH WAHR.

DAS KANN ICH DIR NICHT SAGEN.

NA JA.

ES WIRD SICH SCHON WAS FINDEN.

ICH BLEIB BEI DIR, BIS DER ALTE AUS DER KLINIK KOMMT.

SO WAR'S ABGEMACHT.

STIMMT.

... ABER KAI IST EIN ERWACHSENER MANN.

ER HAT ZWAR KEINE FAMILIE, AN DIE ER SICH WENDEN KANN...

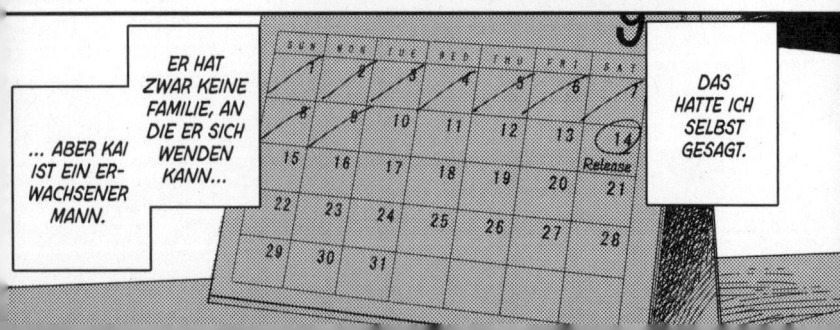

DAS HATTE ICH SELBST GESAGT.

SCHEISSE!

BIIIEP

⊗ Syntax Error!

SOL while scanning string

OK

ER MUSS NICHT EWIG BEI MIR BLEIBEN.

DAS IST EIGENTLICH SELBSTVER-STÄNDLICH.

カ
タ
カ
タ
KLACK

KLACK

WARUM WÜHLT MICH DAS DANN...

... SO AUF?

Speichern | **Diese Version freigeben**

RELEASE...

チカ

KLICK

Gesendet

... ABGE-SCHLOSSEN ...

G...

DU WARST AUCH UNGLAUBLICH, WATARI.

KLATSCH
パチ

KLATSCH
パチ

BIN ICH FROH...

パチ

GESCHAFFT!

DU HAST TATSÄCHLICH SAKAMOTOS ANTEIL MITGEMACHT. DAS REINSTE ARBEITSTIER!

DANKE FÜR EURE HARTE ARBEIT.

WATARI, MORGEN IST DIE BESPRECHUNG.

ÄH HE HE...

LEUTE...

PATAMM

AM MONTAG BEGINNT DAS NÄCHSTE PROJEKT.

ALSO NICHT NACHLÄSSIG WERDEN!

EGAL, WIE SCHWIERIG DIE LAGE IST...

... MEIST KOMMT MAN DOCH IRGENDWIE KLAR.

DAS WÄRE SICHER AUCH SO...

... WENN IRGENDJEMAND ANDERS FEHLT...

AUCH HIER LÄUFT DIE ARBEIT WEITER...

... UND SAKAMOTO NICHT MEHR IM BÜRO ERSCHEINT.

... OBWOHL KANEKO GEKÜNDIGT HAT...

ABER WIE
WÄRE ES
BEI KAI?

... ZUR
ARBEIT
GEHEN...

ICH
WÜRDE
MORGENS
AUFSTEHEN,
FRÜHSTÜCKEN
...

... HEIMGEHEN,
SCHLAFEN.

WAS WIRD
AUS MIR,
WENN KAI
NICHT MEHR
DA IST?

MEIN
ALLTAG
BLIEBE
DER
GLEICHE.

DAS IST
ALLES.

ABER...

... WÜRDE
ICH IHN
NICHT
VERMISSEN?

... DIE TÜR ÖFFNE...

JEDES MAL, WENN ICH AUFWACHE...

... ESSE...

... NACH IHM SUCHEN.

ガ

チ
ャ
GATSCHACK

... WÜRDE MEIN BLICK...

... SICHER...

... NICHTS MEHR MIT MIR ZU TUN HABEN...?

WILLST DU ETWA...

NEIN, DAS IST ES NICHT.

... IN DER KLINIK SEINEM SOHN BEGEGNET.

ICH BIN...

... HEUTE ...

ICH WOLLTE MICH ENTSCHULDIGEN.

... HABEN SIE KEINE FAMILIE.

SCHON OKAY.

... OBWOHL SIE SO VIEL FÜR MEINEN VATER GETAN HABEN.

ICH HABE SIE AUS DEM HAUS VERBANNT ...

WIE ICH GEHÖRT HABE...

ER SAGTE, ER HÄTTE EINEN VIELVER-SPRECHENDEN NACHFOLGER GEFUNDEN.

DAMIT MEINTE ER SIE.

ER WOLLTE NICHT AUF MICH HÖREN.

AUCH DAMALS ERKLÄRTE ER SICH NICHT, SONDERN SAGTE NUR: „ICH HABE ES SO BESCHLOSSEN UND DAMIT BASTA!"

... EIN MANN WENIGER WORTE.

MEIN VATER WAR SCHON IMMER...

DANACH ENTFREM-DETEN WIR UNS VONEI-NANDER.

DAS MACHTE MICH WÜTEND.

... WÄRE SEINE KRANKHEIT SICHER FRÜHER ERKANNT WORDEN.

HÄTTE ER BEI IHNEN GELEBT...

OHNE MICH...

... WÄRE ES ZWISCHEN IHM UND SEINER FAMILIE NICHT SO SCHIEFGE-LAUFEN.

ABER ICH KANN AUCH NICHT SAGEN, DASS ES NICHTS MIT MIR ZU TUN HAT.

DU TRÄGST KEINE SCHULD.

SAG DAS NICHT!

... ABER ES WAR SEINE ENTSCHEIDUNG, DICH AUFZU-NEHMEN.

NATÜRLICH DARF MAN NICHT DIE ZECHE PRELLEN...

DER UMGANG...

... MIT ANDEREN IST SCHWIERIG...

... NICHT WAHR, HIROKUNI?

DAS WAR EGOISTISCH VON MIR.

ICH HÄTTE NICHT...

... ZU DIR KOMMEN SOLLEN.

HALT!
STOPP!
WARTE KURZ!
WAS...?
HIER!
SIEH DIR DAS AN!
HM...?
Kündigung
DIE HABE ICH...
... HEUTE MEINEM CHEF AUF DEN TISCH GELEGT.

WARTE, WARTE, WARTE...

WARUM MUSS NUR ICH MICH HIER ZU TODE SCHÄMEN?

HEY, WIE LANGE WILLST DU DA NOCH RUMFUMMELN?!

MACHT MAN DAS SO?!

SLICK

SLICK

MORGEN FÄLLT MIR WIEDER IRGENDWAS EIN, UM DIE SACHE AUFZUSCHIEBEN.

WENN, DANN JETZT.

HN...

DOCH...

WIR MÜSSEN ES NICHT UNBEDINGT HEUTE TUN.

ALLMÄHLICH WÄRE ES GUT... SOLLEN WIR AUFHÖREN?

KEIN PROBLEM.

HEUTE IST SONNTAG.

Ende

Bonusstory:
Wie es weiterging

JA.

ABER VON DAHEIM. ALS FREIER MITARBEITER.

DAS HEISST...

WATARI ARBEITET JETZT IN DEINER FIRMA, KANEKO?

IHR HABT IHN ABGEWORBEN? GANZ SCHÖN DREIST.

NEIN, DER IST WIEDER ZURÜCKGEKOMMEN.

ACH?

WIR HABEN IHN ALLE ANGEFLEHT UND IHM VERSPROCHEN, DASS ES NICHT WIEDER SO SCHLIMM WIRD.

NEIN, ER HAT GEKÜNDIGT, UM MEHR FREIZEIT ZU HABEN.

DA FÄLLT MIR EIN...

HAT SAKAMOTO AUCH GEKÜNDIGT?

WATARI WAR ZIEMLICH...

... RADIKAL.

DER CHEF HAT WOHL ÄRGER GEKRIEGT, WEIL INNERHALB KURZER ZEIT SO VIEL PERSONAL ABGESPRUNGEN IST.

ES IST ABER AUCH ECHT BESSER GEWORDEN.

DAS HÄTTE ICH IHM NICHT ZUGETRAUT.

WER HÄTTE DAS GEDACHT?

NACH WATARIS WEGGANG WURDE ER ZIEMLICH ZAHM.

VIELLEICHT IST DAS DIESEM TYPEN ZU VERDANKEN?

AH, ICH WEISS!

ACH, KAI.

NA, DIESER FREUND, MIT DEM ER ZUSAMMENWOHNT...

TYP?

HÄ?

ICH FRAG DOCH NUR, IN WELCHEM VERHÄLTNIS DIE ZWEI ZUEINANDER STEHEN!

PACK DEINE SCHMUTZIGE FANTASIE WIEDER EIN!

WAS LÄUFT DA EIGENTLICH ZWISCHEN IHM UND WATARI?!

JA, GENAU. KAI!

SAGTE ER DOCH: SIE SIND FREUN-DE.

AAH...

WAS MEINST DU?

KANEKO.

ズイッ

WUPP

DU BIST BETRUN-KEN.

FRAGEN WIR IHN DOCH SELBST!

RUF AN, DANN HAST DU'S HINTER DIR.

BIN ICH NICHT!

DUUUT プルルル

Hallo? Hier Watari.

WENN'S SEIN MUSS...

Let's Call

Äh?

DEINE STIMME KLINGT SO RAU.

KLICK

OH?

BIST DU ERKÄLTET?

HALLO, WATARI. ICH BIN'S, KANEKO.

Hallo, Kaneko.

Was gibt's?

ER HAT AUFGELEGT.

?

TUUUT

TUUUT

HEY!

Anruf beendet

Ende

SUTOPPU!

**Koko wa kono manga no owari dayo.
Hantaigawa kara yomihajimete ne!
Dewa omatase shimashita!
Tanoshii hitotoki wo dozo!**

Egmont-Manga-Chiimu

STOPP!

**Das ist der Schluss des Mangas.
Fangt bitte am anderen Ende an!
Und nun genug der Vorrede,
viel Spaß beim Lesen!**

Euer Egmont-Manga-Team

www.egmont-manga.de
Unsere Bücher findest du im
Buch- und Fachhandel und auf

www.egmont-shop.de

„Ein perfekter Antrag" von Mayo Tsurukame
Aus dem Japanischen von Christine Steinle
Originaltitel: „Perfect Propose"

Originalausgabe:
PERFECT PROPOSE
© MAYO TSURUKAME 2020
All Rights Reserved.
First published in Japan in 2020 by KAIOHSHA PUBLISHING Co. Ltd.
German translation rights arranged with KAIOHSHA PUBLISHING Co. Ltd.
through Tuttle-Mori Agency, Inc, Tokyo
Deutschsprachige Ausgabe erschienen bei

© 2022 Egmont Manga verlegt durch
Egmont Verlagsgesellschaften mbH,
Alte Jakobstraße 83, 10179 Berlin

3. Auflage 2022

Verantwortliche Redakteurin: Luisa Steinhäuser
Textbearbeitung: Katrin Aust
Gestaltung: Esther Strunck
Koordination: Angelika Schönhuber
Printed in the EU
ISBN 978-3-7704-4334-5

Die Egmont Verlagsgesellschaften gehören als Teil der Egmont-Gruppe zur
Egmont Foundation – einer gemeinnützigen Stiftung, deren Ziel es ist, die sozialen,
kulturellen und gesundheitlichen Lebensumstände von Kindern und Jugendlichen zu
verbessern. Weitere ausführliche Informationen zur Egmont Foundation unter
www.egmont.com